1642

Jansénius, Cornelius

Discours de la réformation de l'homme intérieur

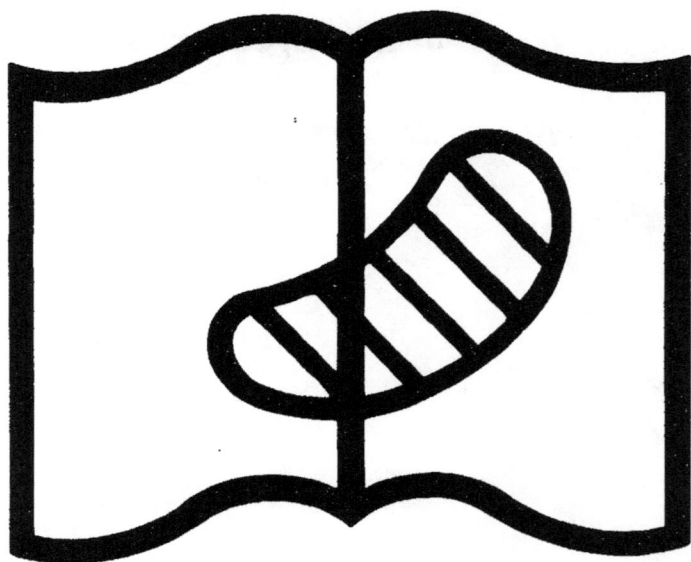

Symbole applicable
pour tout, ou partie
des documents microfilmés

Original illisible

NF Z 43-120-10

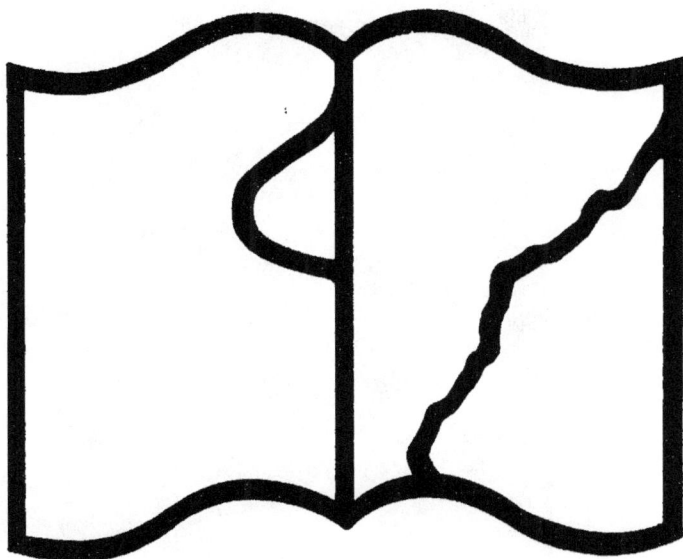

**Symbole applicable
pour tout, ou partie
des documents microfilmés**

Texte détérioré — reliure défectueuse

NF Z 43-120-11

TRADVCTION D'VN
DISCOVRS
DE LA REFORMATION
DE L'HOMME INTERIEVR.

Ou sont establis les veritables
fondemens des Vertus Chre-
stiennes, selon la doctrine de
sainct Augustin.

Prononcé par Cornelius Ianssenius
Euesque d'Ipre, à l'Establisse-
ment de la Reforme d'un Mona-
stere de Benedictins.

A PARIS,
Chez la Veuue I ᴇ ᴀ ɴ CAMVSAT,
ruë S. Iacques, à la Toison d'Or.

M. DC. XLII.
Auec Priuilege du Roy & Appro-
bation des Docteurs.

DISCOVRS

DE LA REFORMATION
DE L'HOMME INTERIEVR.

Il n'y a rien dans le monde que concupiscence de la chair, concupiscence des yeux, & orgueil de la vie. De l'Epistre 1. de S. Iean chap. 2.

AVANT-PROPOS.

C'EST vn ordre de la Nature & de la Prouidence diuine, que tout ce qui est suiet à leurs loix, & renfermé dans leurs bornes, retourne à son origine par vn mouuement perpetuel.

A ij

4

De là vient que tout ce qui
naiſt de la terre, ſe va reioin-
dre à la terre d'où il a eſté
tiré; que tous les fleuues ren-
trent dàs la mer d'où ils ſont
ſortis, & que tout ce qui eſt
compoſé des elemens ſe re-
ſout en ces meſmes elemés.
Et cét ordre eſt eſtably par
vne loy ſi immuable & ſi
vniuerſelle, que l'on en voit
meſme quelques marques
& quelques traits en la corruption des choſes dans laquelle elles perdent leurs
premieres qualitez, & ſor-
tent de leur eſtat naturel.

Car c'eſt de là que vient
ce gràd poids qui entraiſne
toutes les creatures à la de-
ſtruction de leur eſtre, & qui
les feroit tomber dans l'a-
byſme du neant, ſi elles n'e-

ſtoient ſouſtenuës de la parole qui ſouſtient tout l'V-
niuers. Et cette inclination
generale eſt comme vn trait
marqué de la main de la
Nature qui fait voir à tous
ceux qui ont les yeux aſſez
bons pour le reconnoiſtre,
quelle eſt l'origine de toutes les choſes creées.

C'eſt ce qui a fait que les
Anges & le premier homme
ne ſont pas demeurez dans
le comble de la gloire, où
Dieu les auoit mis au commencement ; mais s'eſtant
trouuez comme dans vn
pays eſtranger, ils ont quitté
Dieu, & ſont tombez en
bas ainſi que dans leur patrie naturelle, & fuſſent paſ-
ſes iuſques au neant ſi Dieu
ne les euſt ſouſtenus dans

leur cheute par vne bonté
toute-puiffante.

Apres cela deuons nous
nous eftonner qu'il n'y ait
point de Republique fi fage
dans fa police, ny fi affermie
dans fa puiffance, dont la
vigueur ne fe relafche par la
reuolution des fiecles ; ny
d'ordre Religieux de qui la
regle foit eftablie auec tant
de pureté, gardée auec tant
de foin, & confirmée par
vne obferuance fi eftroitte,
que les efprits venant à fe re-
froidir, l'aufterité qui luy eft
fi falutaire ne commence à
fe relafcher ; & qu'en fuit-
te la corruption s'augmen-
tant toufiours peu à peu à
mefure que les mauuaifes
couftumes croiffent, il ne
tombe dans le premier de-

sordre du commun des
hommes.

De sorte qu'ainsi que les
arbres que l'on plie auec
grand effort, se remettent
auec d'autant plus de violence dans leur estat naturel, aussi-tost que la main
qui les tenoit les laisse aller;
De mesme en vn sens con-
traire, depuis que la nature
humaine a esté corrompuë,
& comme courbée par le
peché, elle ne peut plus estre
redressée que par vne force
extreme; & aussi tost qu'on
la laisse à elle mesme, &
qu'on l'abandonne, elle se
precipite par son propre
poids dans le vice de son
origine.

Mais on ne doit pas admi-
rer que cette loy soit grauée

A iiij

si profondement dans tou-
tes les parties de la nature,
puisqu'on en voit reluire des
traces si claires dans l'ordre
selon lequel le Createur
gouuerne les creatures qui
se sont esloignées de luy, &
qui sont tombées dans la
desobeyssance.

Car y a-t'il rien de plus
magnifique & de plus illu-
stre en tous ses ouurages,
que d'auoir tellement op-
posé sa grace au peché de
l'homme qu'il auoit creé à
son image, qu'au lieu que le
peché le portoit vers le
neant dont il auoit esté tiré,
sa grace l'a faict reuenir à
l'auteur de son estre, & à la
source de tous ses biens.

Ainsi Dieu a mieux aymé
refaire le vase qui estoit

tombé de ses mains, & luy
rendre la premiere figure
qu'il luy auoit donnée, que
de le ietter apres qu'il a esté
rompu, ou de briser les pie-
ces qui en estoient restées,
& en faire vn autre tout de
nouueau.

Cette conduitte de la Sa-
gesse eternelle a, dans les sie-
cles passez aussi bien que
dans le nostre, seruy de gui-
de aux grands hommes du
Christianisme, & leur a fait
iuger qu'ils trauailleroient
plus vtilement s'ils remet-
toient le plus ancien & le
plus celebre Institut de Religieux dans la splendeur
qu'il a euë lors de son origine & de sa naissance, & re-
traçoient sur la face de cét
ordre, qui estoit si desigurée,

sa beauté premiere & naturelle, que s'ils y adiouſtoient
de nouueaux traits, & des
couleurs eſtrangeres.

Et certes lors que l'anti-
quité ſe trouue eſtablie par
vne ſageſſe toute diuine ;
qu'elle a eſté eſprouuée, par
vn long vſage de pluſieurs
ſiecles, & qu'elle a acquis
l'approbation publique par
les bons effets qu'elle a
produits, elle doit eſtre preferée à toute ſorte de nou-
ueauté.

Et ie ne puis aſſez m'eſton-
ner que quelques vns ayent
tãt d'amour pour eux-meſ-
mes, ou tant de mépris pour
les autres, ou tant de vaines
apprehenſions pour l'adue-
nir, qu'ils aymét mieux eſtre
ſeuls à blaſmer des entrepri-

ses si saintes, que de ioindre
leurs applaudissemens aux
loüanges qu'elles reçoiuent
des personnes qui les fauo-
risent.

Mais puisque la Iustice a
trouué autrefois des accusa-
teurs, & que l'on a voulu
faire croire que c'estoit vne
perfection de la Nature que
d'estre chauue, la pieté peut
bien trouuer des censeurs,
& ie m'efforcerois de leur
inspirer l'estime qu'ils doiuent auoir d'vn dessein si
pur & si glorieux, en le loüāt
autant qu'il le merite, si ie
ne craignois, comme Saint *De mo-*
Auguftin a dit en vne pa- *rib. Eccl.*
reille rencontre, que si i'em- *cap. 31.*
ployois les lumieres du dif-
cours, & les ornements d'vn
Panegyrique, ie donnerois

A vj

lieu de croire que le ſuiet
auroit eu beſoin de cét eſ-
clat emprunté, & qu'il n'auroit pas eu aſſez de ſa ſeule
beauté naturelle, pour plaire à des Iuges equitables.

Mais afin de contribuer
ce que ie puis pour vous ay-
der vn peu dans vos princi-
paux exercices, par leſquels
vous tendez vers le Ciel,
i'ay reſolu de vous dire
quelque choſe, autant que
ma foibleſſe me le peut per-
mettre, non de l'excellence
ny de la reformatiõ de la diſcipline Monaſtique, mais
de la corruptiõ & du renou-
uellement de l'eſprit hu-
main, qui eſt tout le fruit de
la diſcipline reguliere, &
d'expliquer en deſtail de
quelle maniere il eſt tombé

dans la corruptiõ, & qu'elle
est la voye la plus courte, par
laquelle il peut retourner à
son principe, & recouurer
la perfection & la pureté de
son origine.

En quoy ie tascheray, au-
tant que Dieu m'en fera la
grace, de marcher sur les
pas, & d'employer mesme
les paroles de celuy qui a
penetré dauantage dans les
replis les plus cachés du
cœur de l'homme, & dans
les mouuements les plus secrets & les plus impercepti-
bles des passions ; Ie veux
dire de saint Augustin, afin
que sous l'authorité d'vn si
grand Docteur, dont ie re-
cueilleray les pensées, qui
sont respanduës en diuers
endroits de ses œuures, ie ne
craigne point d'auancer rien

temerairement, ny vous de
receuoir auec trop de defe-
rence, & si vous voulez paf-
fer plus auant , de suiure
auec trop d'ardeur, des regles si pures & si chrestiēnes.

COMMENCEMENT DV DISCOVRS.

LOrs qu'il a pleu à
Dieu, dont la bonté est
aussi infinie que la grandeur, de tirer de la source
inespuisable de ses graces &
de sa puissance, vne creature, qui bien que terrestre
fust neantmoins digne du
Ciel tandis qu'elle demeu-
reroit vnie à son Createur,
il luy dōna vne ame immor-
telle qu'il mit dans vn corps
qui pouuoit, s'il eust voulu,
ne point mourir.

Il donna à cette ame la lumiere de l'intelligence, & la

liberté de la volonté ; & à
l'estre de la Nature il adiou-
sta le don de la grace, par laquelle il contemploit de
l'œil tres pur & tres clair de
son esprit, la verité immuable, & estoit vni & attaché à
son Auteur d'vne affection
toute sainte, & d'vn amour
tout diuin.

Y auoit-il rien alors par-
my les creatures de plus
grand que luy, puisqu'estant
ioint au premier principe de
toutes choses , il s'esleuoit
dans l'eternité de cette lumiere incomprehensible; Et
y auoit-il vne connoissance
plus parfaitte que la sienne,
puis qu'il estoit esclairé de
la lumiere de cette eternité
bien-heureuse ?

Cette vnion & cette intel-

ligence produifoient vne
ioye & vn plaifir ineffable
dans fon efprit par la poffeffion d'vn fi grand bien , &
la vigueur de l'immortalité
dans fon corps : Et ces deux
graces fuprémes confer-
uoient vne profonde paix
dans les deux parties dont il
eftoit compofé , & don-
noient le moyen à fon efprit
de fuiure Dieu fans au-
cune refiftance , & à fon
corps de fuiure fon efprit
fans aucune peine.

Il ne luy manquoit rien de
tout ce qu'il pouuoit defirer
& poffeder legitimement, &
il n'y auoit rié qui peuft trou-
bler fa felicité interieure &
exterieure. Mais il n'eftoit
pas encore affermi dans cet
eftat par cette derniere fer-

meté qui luy euſt fait aymer
cette ſageſſe diuine iuſqu'à
s'oublier ſoy meſme, & iuſqu'à oublier encore ſa propre grandeur, en la compa-
rât auec cette grandeur infinie. De ſorte qu'ayant com-
mencé a s'aperceuoir de ſon
bon-heur, & a reconnoiſtre
quel il eſtoit, il fut eſbloüi &
charmé de ſa beauté, il com-
mença à ſe regarder auec
plaiſir, & par ce regard qui
le rendit comme l'obieſt de
ſes propres yeux, & deſtour-
na ſa veüe de Dieu pour la
tourner toute ſur ſoy-meſ-
me, il tomba dans la deſo-
beiſſance.

Car il ne fiſt pas remonter,
comme il deuoit, le ruiſſeau,
qui luy paroiſſoit ſi agreable, vers la ſource d'où il

estoit forti; mais il se detacha de son autheur; il voulut n'estre plus qu'à soy; & se gouuerner par sa propre autorité, au lieu de receuoir la loy de celuy, qui la luy deuoit donner.

Il se perdit de cette sorte, en voulant s'esleuer contre l'ordre de la nature & de la raison; n'y ayant point d'esleuement plus extrauagant & plus injuste, que de quitter le principe auquel on doit demeurer inseparablement attaché, pour se rendre comme le principe de soy-mesme, la regle de sa vie, l'origine de ses connoissances, & la source de sa félicité.

Et qu'est-ce que l'orgueil, sinon le desir de cette injuste

grandeur : & d'où vient ce
defir finon de l'amour que
l'homme fe porte ? & à quoy
fe termine cét amour, finon
à quitter ce bien fouuerain
& immuable, que l'on doit
aymer plus que foy-mefme?
Ainfi l'orgueil ayant corrompu la volonté de l'homme ; comme fi par cette enfleure fes yeux fe fuffent fer-
mez & obfcurcis, les tenebres fe formerent en mefme
temps dans fon efprit ; & il
deuint aueugle iufqu'à tel
point, que l'vn des deux
creut que le ferpent luy di-
foit la verité ; & l'autre, que
fe rendant compagnon dans
le crime de celle qui eftoit
fa compagne dans fa vie &
dans fon bon-heur, fa defobeiffance au commande-

ment de Dieu ne seroit
qu'vne faute pardonnable.

Enfin aprés qu'il eust perdu les plaisirs de cette felicité spirituelle , il en recher-
cha de charnels & de gros-
siers dans les choses les plus
basses. *Eue* , dit l'Escriture,
prit du fruit de l'arbre , & en
mangea ; & en donna à son ma-
ry , lequel en mangea aussi .

L'homme perdit en cette
maniere la possession de cette eternité si haute & si esle-
uée ; de cette verité & de
cette sagesse si immuables ;
& de ces delices de l'esprit
si pures & si excellentes : Et
ayant voulu se rendre le
principe de sa grandeur , de
sa connoissance , & de sa felicité ; il deuint superbe, cu-
rieux, & sensuel, & engagea

Gen. 3.

toute fa pofterité dans fes
dereglements , & dans fes
vices.

Car s'eftant veu abandon-
né a luy mefme auffi-toft
qu'il euft l'experience du
bien & du mal, il fentit fa
pauureté, & ce fentiment le
porta a vouloir imiter, mais
par vne imitation dereglée
& pleine d'aueuglement, la
grandeur, la fcience, & la
beatitude diuine qu'il auoit
gouftées , & aufquelles il
auoit efté vni par cét eftat
admirable de gloire, de lumiere, & de bon-heur. Il deuint efclaue de ces trois paf-
fions defordonnées, qui luy
infpirent fans ceffe vn defir
ardent de reparer la perte
qu'il a faitte , & de recouurer la felicité qu'il a mef-

prifée, cherchant ainſi la
conſolation de ſon malheur
dans l'ombre de ces grands
biens, dont il auoit vne
veritable & vne parfaitte
iouiſſance.

Ce ſont là les derniers efforts de l'homme bleſſé d'v-
ne playe mortelle. Ce ſont
les derniers mouuemens
d'vn corps qui n'a plus
qu'vn peu de vie, par leſquels il teſmoigne qu'il n'eſt
pas encore tout à fait mort.
Et enfin ce ſont là les trois
ſources de tous les vices &
de toute la corruption de
l'homme, ſelon la doctrine
conſtante & perpetuelle de
Sainct Auguſtin.

Et certes il n'y a point
d'eſpece de tentation dont
le diable ſe ſerue pour fou-

De Vera
Relig. c.
38 Con-
feſſ. l. 3.
c. 8. Et
ailleurs.

ler aux pieds ceux qu'il a fait
tomber, ou faire tôber ceux
qui sont debout, qui ne soit
comprise dans l'estenduë
de l'orgueil, de la curiosité,
ou des plaisirs sensuels.

Car depuis qu'il a esprouué la force de ces armes par
l'extreme facilité auec laquelle il remporta la victoire sur le premier homme,
il les a comme dediées &
consacrées à la perte & à la
ruine de tous les hommes.

Par ces paroles, *du iour que* Gen. ;.
vous mangerez de ce fruit, il a
imprimé iusques dans les
moüelles & dans tous les organes de la chair, le senti-
ment & le desir des volu-
ptez les plus basses; par les
paroles suiuantes, *vos yeux*
seront ounerts, & vous cognoistrés

le bien & le mal, il leur a inspi-
ré vne curiosité tousiours inquiete; & par ces dernieres,
vous serez comme des Dieux, il
a versé dans leurs cœurs le
venin si penetrant & si caché de l'orgueil.

Et c'est pour cela que nostre Roy estant venu pour
guérir l'homme de ces trois
blessures, a esté attaqué en
ces trois manieres, & a rompu la pointe de ces trois fles-
ches par le bouclier de sa verité, afin que ses imitateurs
ne craignissent plus les armes, par lesquelles ils auoiēt
esté vaincus.

Le Diable le tenta par la
volupté de la chair, lors
qu'il luy demanda qu'il
changeast les pierres en
pain; Par la curiosité de sçauoir

Matt.
4.

uoir & de connoiſtre, lors
qu'il le voulut porter à tenter Dieu, & à eſprouuer ſi
les Anges le ſouſtiédroient;
Et enfin par l'orgueil lors
qu'il luy promit tous les
Royaumes du monde, ayant
gardé pour faire tomber le
Createur le meſme ordre,
dont il s'eſtoit ſeruy pour
faire tomber la creature. Le
Diable employa toutes ſes
machines, & eſpuiſa tout
ſon arcenal dans ces trois
attaques; Et c'eſt pourquoy
l'Euangeliſte dit ; *Toute la* ^{Luc. 4.}
tentation eſtant finie, le Diable
ſe retira de luy.

Ce ſont ces trois paſſions
que l'Apoſtre S. Iean a mar-
quées diuinement & en peu
de paroles lors qu'il a dit:
Qu'il n'y a rien dans le monde ^{1. Ioan.}

B

que concupiscence de la chair,
concupiscence des yeux, & or-
gueil de la vie. Et quiconque
les examinera auec soin, re-
connoistra que toute l'im-
pureté qui corrompt le
corps & l'esprit de l'homme, & tous les crimes qui
troublent la societé humaine, decoulent de ces trois
sources; & que ces ruisseaux
se sechent, lors que ces sources sont arrestées.

Car qu'y a-t'il autre chose
dans tout l'homme que le
corps & l'ame; & qu'y a t'il
dans l'ame que l'esprit, &
la volonté? Or la volonté a
reçeu l'impression de l'orgueil, l'esprit celle de la
curiosité, & le corps celle
des desirs de la chair.

Ie sçay bien qu'il y en a qui

croyent que l'Apoftre a
voulu marquer la paffion
des richeffes par la concupifcence des yeux, & d'autres qui font en peine de
fçauoir fous laquelle de ces
trois efpeces on la doit mettre; Mais l'auarice n'eft ja-
mais la premiere paffion, le
bien n'eftant defiré que
pour fatisfaire à l'vne de ces
concupifcences, ou à deux,
ou à toutes les trois enfem-
ble; & feruant de miniftre
& non de chef aux mouue-
mens vitieux, foit de l'efprit foit du corps.

Et c'eft pour cela que toutes les perfonnes vertueufes
qui trauaillent à purifier
leur ame, & à renouueller
leur efprit felon l'image de
celuy qui l'a creé, doiuent
s'eftudier à reconnoiftre la

B ij

nature & les effects de ces
passions, & s'instruire auec
soin de l'ordre & des regles
qui sont establies pour les
guerir, afin qu'elles puissent
recouurer la pureté, qu'elles ont perdue.

I. PARTIE,

Des Voluptez de la Chair.

LA concupiscence de la
chair, est le premier en-
nemy, que l'on trouue à cõ-
battre, lors que l'on entre
dans la voye de cette reformation spirituelle ; & c'est
aussi la premiere passion que
tous ceux qui desirent d'e-
stre vertueux taschent de
regler & de dompter par le
frein de la temperance,
estant la plus grossiere, & la
plus sensible à ceux qui s'ef-

forcent de paſſer des tenebres dans la lumiere, & la
plus aiſée à vaincre à ceux
qui ſont foibles.

Elle eſt appellée la con-
cupiſcence ou le deſir de la
chair, parce que le plaiſir
vers lequel elle ſe porte
auec violence ſe reſſent
dans la chair,& entre par les
cinq ſens, comme par au-
tant de portes.

Car l'eſprit de l'homme
ayant malheureuſement
perdu le ſentiment des delices interieures ſe reſpand
dans les exterieures, s'effor-
çant de retenir, au moins
par les ſens corporels qui
ſont les plus baſſes & les
plus groſſieres de ſes puiſſances, ce plaiſir celeſte qui
l'abandonne, ou d'en re-

compenser la perte par
d'autres plaisirs.

C'est là que la volupté regne comme dans son empire; & tous ceux qui viuent
selon la chair combattent
sous ses enseignes, comme
ceux qui viuent selon l'esprit luy resistent pour la
dompter & pour la vaincre.

Mais encore que l'amour
de la temperance nous empesche de nous abandôner
à ces plaisirs, neãtmoins l'ame combat elle-mesme ses
saintes intentions, par les
mouuements dereglés qui
l'agitent & qui la troublêt;
& vn certain desir de volupté la pousse, quoy qu'auec repugnance & contre
sa volonté mesme, à la iouissance des choses où l'ardeur

de son inclination la porte.

Ce mouuement si violent
n'est rien qu'vne passion ge-
neralle, & vn desir dereglé
de ressentir en quelque
maniere que ce soit, les
plaisirs qu'il n'est pas permis
d'aymer ; Et cette passion
de la volupté, par quelque
porte de nos sens qu'elle
s'efforce d'entrer dans nostre ame, est entierement
contraire à l'amour de la sagesse & ennemie des vertus.

L'vnique regle que l'on
doit suiure pour la pouuoir
vaincre, est cette regle si
abregée de la vie chrestienne, laquelle saint Augustin
a marquée en plusieurs endroits de ses escrits, &
establie sur des fondemens
inesbranlables ; bien que

B iiij

quelques vns ne l'ayent pû
entendre, ou qu'ils l'ayent
mefme improuuée; Qu'en-
core que l'on puisse faire
beaucoup de choses com-
me en passant par la volupté, on ne doit rien faire
neantmoins pour la volup-
té, par l'instinct de cette passion dereglée que le peché
a grauée dans nous.

C'est là l'espreuue de la
vertu des Saints, & la car-
riere penible de leurs exercices & de leurs combats:
Car lors que les necessitez
de la vie nous obligent à
vser de la volupté qui est
jointe aux sens du corps,
pour faire quelque chose
de bon & d'vtile en passant
par elle sans s'y arrester, il
arriue souuent que nous en

abusons, & que nous nous y
attachons de telle sorte, que
nous n'agissons plus que
pour elle. Et au lieu qu'il
faut vser des sens corporels
selon les besoins de la nature, & non selon la concupiscence, c'est à dire qu'il en
faut vser pour le discerne-
ment des choses que nous
deuons approuuer ou im-
prouuer, prendre ou reiet-
ter, desirer ou fuir comme
salutaires ou pernicieuses
pour la conseruation de nô-
stre corps & de nostre vie, ce
plaisir dangereux se presen-
te à nous, & paroist d'abord
comme vn seruiteur qui suit
son maistre ; mais souuent il
fait tant d'efforts pour le
deuancer, qu'il nous porte
à faire pour luy, ce que nous

B v

voulions faire pour la seule neceſſité, Ce qui arriue
principalement à cauſe que
la neceſſité n'a pas la meſme
eſtenduë que le plaiſir ; y
ayant ſouuent aſſez pour
le neceſſaire, lors qu'il y a
peu pour l'agreable.

Et ainſi ce mouuement
deſordonné formant des
nuages dans noſtre eſprit,
nous ne pouuons iuger
qu'incertainement, ſi c'eſt
encore le beſoin que nous
auons de nos ſens qui nous
conduit, ou ſi c'eſt l'en-
chantement trompeur de
la volupté qui nous em-
porte: Et l'ame qui eſt charnelle ſe plaiſt dans cette in-
certitude ; Elle ſe reſioüit
de ce que les bornes qu'elle
ne doit point paſſer ne pa-

roiſſent pas, afin qu'elle ſa-
tisface la paſſion du plaiſir,
ſous l'apparence ſpecieuſe
de la ſeule neceſſité. Et ainſi
au lieu qu'vſant de ſes ſens
elle ne deuoit ſentir du plaiſir que parce qu'elle eſtoit
contrainte de paſſer par la
volupté, n'y ayant point
d'autre paſſage; elle reconnoiſt à la fin que la concupiſcence a rendu cette volupté l'objet & le but de
ſon ſentiment.

Le diſcernement de cette
illuſion n'eſt pas difficile
dans l'abſence des choſes
que nous deſirons, lors que
nous en conſiderons la cauſe auec ſoin, & que nous
examinons ſi c'eſt la nature
qui nous demande ce qui
luy eſt neceſſaire, ou ſi c'eſt

la volupté qui nous flatte.
Mais dans la presence des
choses qui plaisent à nos
sens , on ne sçauroit assez
exprimer combien la pas-
sion excite de nuages & de
fumées dans nostre esprit,&
en nous obscurcissant les
yeux nous empesche de re-
connoistre, si c'est la necessité ou le plaisir qui nous
fait agir.

De là naist ce doute qui
arriue d'ordinaire aux ames
religieuses, qui se trouuant
esmeuës de deuotion & de
pieté lors qu'elles enten-
dent chanter vn Pseaume,
sont en peine en mesme
temps de juger si c'est la
pieté qui ayme le sens des
paroles , ou si c'est la passion de l'oüye qui en ay-

me seulement le son. Parce
que selon la regle tres-veritable de la vertu chrestienne, il n'est pas permis de repaistre son esprit ny ses au-
reilles, de la seule douceur
& de la seule harmonie des
sons & des voix.

De là vient encore ce
combat, qui arriue tous les
iours entre la temperāce &
la concupiscence, lors que
nous reparons les ruïnes de
nostre corps par la nourri-
ture; estant inexprimable
combien la concupiscence
nous dresse d'embusches, &
comme elle nous empesche
de remarquer quelles sont
les bornes de la necessité de
la vie pour laquelle nous
mangeons & nous beu-
uons; comme elle les chan-
ge; comme elle les couure;

comme elle les paffe ; &
comme elle nous fait croire
que ce qui fuffit, ne fuffit
pas ; nous laiffant gagner
par fes attraits & par fes
amorces ; & nous perfua-
dant que nous mangeons
encore pour noftre fanté,
lors que nous ne mangeons
plus que pour produire des
cruditez , & des indige-
ftions dans noftre eftomac,
ainfi que nous l'aduotions
apres en nous repentans de
noftre faute. Tant il eft
vray que la concupifcence
ne fçauroit defcouurir ce
point & ce terme qui borne
l'eftenduë de la neceffité &
du befoin ; & que l'expe-
rience confirme cette pa-
role d'vn ancien: Que d'ordinaire le repentir fuit la
volupté.

De forte qu'autant qu'il
eſt aiſé de dire que nous
pouuons faire pluſieurs
choſes auec plaiſir, mais
comme en paſſant; autant
il eſt difficile d'eſtre tellement ſur ſes gardes dans
toutes ſes actions, que l'on
ne faſſe rien par le ſeul
mouuement du plaiſir, &
pour le plaiſir,

Et cette difficulté eſt prin-
cipallement ſenſible à ceux
qui ont declaré la guerre à
tous les plaiſirs, & qui n'a-
yant pas la liberté de les re-
trancher d'vn ſeul coup, à
cauſe des neceſſitez temporelles qui les y engagent,
trauaillent à les reduire
dans la moderation, & dans
les regles de la temperance.

Car où trouuera-t'on vn

homme, qui eftant comme
Iob dans l'abondance de
toutes fortes de biens, &
qui deuenant tres-pauure
en vn moment, de tres-ri-
che qu'il eftoit, demeure
auffi ferme que luy, auffi
immobile, auffi attaché à
Dieu, & qui monftre par
fes actions qu'il n'eftoit pas
poffedé des richeffes, mais
que c'eftoient les richeffes
qui eftoient poffedées de
luy, & luy de Dieu.

Certes fi les hommes
auoient cette vertu dans lé
Chriftianifme où nous
fommes, on ne fe mettroit
pas fort en peine de nous
deffendre la poffeffion des
biens pour pouuoir deue-
nir parfaits, eftât beaucoup
plus admirable de n'y eftre
point attaché, quoy qu'on

les poſſede , que de ne les
point poſſeder du tout. Et
quiconque reſoudra d'em-
ployer tous ſes efforts pour
s'eſleuer au ſommet de la
perfection , laquelle conſi-
ſte au retranchement de ſes
plaiſirs ſelon la regle immuable de la verité, & tra-
uaillera, ou à ſe priuer tout
à fait des voluptez des ſens,
comme des ſons, des cou-
leurs, des ſenteurs, des mets
delicats , & des autres attraits de la chair, ou à les
moderer par la temperan-
ce, ſera forcé de conſeſſer
que cette maxime eſt tres-
veritable. Il eſprouuera
qu'il eſt de toutes les delices des ſens ce qu'il eſt des
richeſſes, & ſa propre con-
ſcience l'obligera d'auoüer,
qu'il eſt plus aiſé de ne

point vſer de tous ces plaiſirs, bien que legitimes, que
d'en vſer ſans commettre
beaucoup de fautes.

II. PARTIE,
De la Curioſité.

VOila la regle que l'on
doit ſuiure, pour ſça-
uoir ce que l'on doit refuſer
ou accorder à cette premiere paſſion, qui eſt la plus hô-
teuſe de toutes, & que l'A-
poſtre appelle la concupiſcence de la chair: Mais celuy à qui Dieu aura faict la
grace de la vaincre, ſera attaqué par vne autre, d'autant plus trompeuſe qu'elle paroiſt plus honneſte.

C'eſt cette curioſité touſ-
jours inquiete, qui a eſté
appellée de ce nom, à cauſe du vain deſir qu'elle a d

ſçauoir,& que l'on a palliée
du nom de ſcience.

Elle a mis le ſiege de ſon
empire dans l'eſprit, & c'eſt
là qu'ayant ramaſſé vn
grand nombre de differen-
tes images, elle le trouble
par mille ſorte d'illuſions,
& ne ſe contente pas d'agir
ſur luy, mais ſe produit encore au dehors, par tous
les organes des ſens.

Car le peché a imprimé
dans l'ame vne paſſion vo-
lage, indiſcrette,& curieu-
ſe, qui ſouuent l'engage
meſme dans les perils, & la
porte à ſe ſeruir des ſens,
non plus pour prendre plaiſir dans la chair comme au-
parauant, mais pour faire
des eſpreuues, & acquerir
des connoiſſances par la

chair. Et d'autant qu'elle
confiſte en vn deſir de connoiſtre; & que la veuë eſt le
premier de tous les ſens
pour ce qui regarde la connoiſſance; le Saint Eſprit
l'a appellée, *la concupiſcence
des yeux.*

Que ſi vous voulez recon-
noiſtre qu'elle difference
il y a entre les mouuemens
de la volupté, & ceux de
cette paſſion. Vous n'auez
qu'à remarquer que la vo-
lupté charnelle n'a pour
but que les choſes agrea-
bles; au lieu que la curioſité ſe porte vers celles meſmes qui ne les ſont pas, ſe
plaiſant à tenter, à eſprouuer, & à connoiſtre tout ce
qu'elle ignore.

Le monde eſt d'autant

1. *Ioan.*
2.

plus corrompu par cette
maladie de l'ame, qu'elle
se glisse sous le voile de la
santé, c'est à dire de la
science.

C'est de ce principe que
vient le desir de se repaistre
les yeux par la veüe de tant
de choses vaines. De là sont
venus le Cirque, & l'Am-
phiteatre. De là est venüe la
recherche des secrets de la
nature qui ne nous regar-
dent point, qu'il est inutile
de connoistre, & que les
hommes ne veulent sça-
uoir, que pour les sçauoir
seulement. De là est venüe
cette execrable curiosité de
l'art magique. De là vien-
nent ces mouuements de
tenter Dieu dans la reli-
gion chrestienne, lesquels

le Diable inspire aux hommes, portant mesme les
personnes saintes à de-
mander à Dieu des mira-
cles, par le seul desir d'en
voir, & non pas par l'vtilité
qui en doiue naistre.

Saint Augustin a esté
combattu en plusieurs ma-
nieres de ces sortes de tentations; & nostre Roy mesme en a esté attaqué.

Mais qui pourroit expri-
mer en combien de choses,
quoy que basses & mespri-
sables, nostre curiosité est
continuellement tentée, &
combien nous manquons
souuent, lors que nos au-
reilles ou nos yeux sont
surpris & frapez de la nou-
ueauté de quelque object,
comme d'vn liéure qui

court, d'vne araignée qui
prend des mousches dans
ses toiles, & de plusieurs autres rencontres semblables,
combien nostre esprit en est
touché & emporté auec
violence.

*Il y a
dans le
Latin
Stellio
vn La-
zard.*

Ie sçay que ces choses sont
petites; mais il s'y passe ce
qui se passe dans les gran-
des; la curiosité auec laquelle on regarde vne
mousche, & celle auec la-
quelle on considere vn Ele-
phant, estant vn effet & vn
symptome de la mesme
maladie.

Mais cette passion se glisse encore jusques dans les
choses sacrées, & se couure
du voile de la religió. C'est
elle qui nous porte à inuen-
ter auec tant de soin, ou à

48

contempler auec tant d'ardeur toutes ces nouueau-
tez dãs la structure des Egli-
ses, dans la pompe des cere-
monies, & dans toutes ces
autres choses extraordinai-
res & affectées, qui font assez voir qu'elles naissent de
cette maladie, quoy que
couuertes d'vn pretexte de
pieté, puis qu'elles sont
d'autant plus agreables
qu'elles sont plus rares, &
plus surprenantes.

Et cette enuie que nous
auons d'entendre ou de dire des nouuelles, ne tesmoi-
gne-t'elle pas assez claire-
ment par l'inquietude dont
elle trouble la tranquillité
de nostre esprit, de quelle
source elle tire son origine.
Car pourquoy nous autres
qui

qui sommes particuliers &
qui ne sommes point mes-
lez dans le gouuernement
de l'estat, nous mettrons
nous en peine de sçauoir ce
qui se faict en Asie; quelles
entreprises forme la France ; & quelle Princesse le
Roy de Pologne veut es-
pouser? Et enfin quel be-
soin auons nous d'estre in-
formez de tout ce qui se
passe au dedans, ou au dehors de nostre pays, sur la
terre, ou sur la mer?

Que si l'exercice d'vn mi-
nistere public demande
qu'on soit instruit de toutes les nouuelles qui arri-
uent, ce n'est pas alors vn
vain desir de sçauoir, mais
vne juste obligation de faire sa charge.

Car en tout cecy la regle
C

de la vie chreſtienne, eſt de
ne pas changer en vne mau-
uaiſe & ſuperfluë curioſité,
le ſoin d'apprendre & de
connoiſtre ce que l'on
ignore ; mais de s'en ſeruir
pour la neceſſité que l'on a
d'approuuer, ou d'improu-
uer les choſes, afin d'eſtre
inſtruits de ce que nous deuons rechercher, ou fuir,
pour viure chreſtienne-
ment, & nous acquiter de
noſtre deuoir.

Que ſi cette paſſion in-
quiete nous fait paſſer ces
bornes, qui ſont celles de la
ſageſſe & de la moderation
de l'eſprit; doit-on trouuer
eſtrange, ſi lors que nous
ſommes reuenus à nous
meſmes, & que nous nous
ſleuons pour contempler
beauté incomparable
cette

de la verité eternelle où reside la connoiſſance certaine & ſalutaire de toutes les choſes, cette multitude d'images, & de phantoſmes, dont la vanité a rempli noſtre eſprit & noſtre cœur, nous attaque, & nous porte en bas, & ſemble comme nous dire, Où allez vous eſtás couuerts de tâches, & ſi indignes de vous approcher de Dieu? où allés vous? & ainſi nous ſommes punis juſtement dans la ſolitude des pechez que nous auons commis dans le commerce du monde.

III. PARTIE,
De l'Orgueil.

Noſtre eſprit eſtant purifié en ſurmontât ces deux paſſions, ſa propre vi-

C ij

&toire en fera naiftre vne
troifiefme, que l'Apoftre
nomme *l'orgueil de la vie*, &
qui eft plus trôpeufe & plus
redoutable qu'aucune des
autres. Parce que lors que
l'homme fe rejouït d'auoir
furmôté ces deux premiers
ennemis de la vertu, ou mé-
me cette derniere paffion
elle s'efleue de la ioye qu'il
a de cette victoire, & luy dit;
Pourquoy triomphes tu? ie
vis encore; & ie vis encore
parce que tu triomphes. Ce
qui vient de ce que l'homme fe plaift à triompher
d'elle auant le temps, comme s'il l'auoit defia tout à
faict vaincuë; au lieu qu'il
n'y a que la feule lumiere
du midy de l'Eternité, qui
puiffe diffiper fes dernieres
ombres.

1.Ioan.
2.

Il n'est pas croyable
combien les ames vertueu-
ses offrent de larmes, de
gemissemés, & de prieres à
Dieu; & combien elles im-
plorent l'assistance de sa
grace, & le soustien de sa
main puissante pour pou-
uoir domter & comme fou-
ler aux pieds cette beste
furieuse.

Car cette parole de Saint
Augustin est tres-veritable, *Enar.In.*
*que le vice qui le premier a vain- *Enar.In.*
*cu l'ame, est le dernier dont elle *Ps. 7. &*
*demeure victorieuse, & que le *Expos.1.*
*desordre dans lequel elle est tom- *in Psal.*
*bée lors qu'elle s'est esloignée de *18.*
Dieu, est le dernier qu'elle quit-
te lors qu'elle retourne à luy.

La raison de cela est, qu'il
y a vn desir d'independan-
ce graué dans le fonds de

l'ame, & caché dans les replis les plus cachez de la volonté, par lequel elle se plaist à n'estre qu'à soy, & à n'estre point soumise à vn autre, non pas mesme à Dieu.

Si nous n'auiôs point cette inclination, nous n'aurions point de difficulté à accomplir ses commandemens; & l'homme eût rejetté sans peine ce desir d'independancé lors qu'il le conceut la premiere fois. Estât visible qu'il n'a desiré autre chose dans son peché, sinon de n'estre plus dominé de personne; puisque la seule deffence de Dieu, qui auoit la domination sur luy, deuoit l'empescher de commettre le crime qu'il a commis.

Que s'il eût bien confideré cette deffence, il n'auroit
confideré que la volonté de
Dieu ; il n'auroit aymé que
la volonté de Dieu ; il n'auroit fuiuy que la volonté de
Dieu ; & l'auroit preferée à
celle de l'homme.

Mais l'efprit humain s'ef-
loignant de cette fageffe,
de cette verité, & de cette
volonté immuable, à l'em-
pire & à la conduitte de laquelle il eft naturellement
foufmis, a voulu ne dependre plus que de foy, & ne
reconnoiftre plus cette volonté fouueraine & eter-
nelle pour la regle de la
fienne, mais regner par foy-
mefme fur foy-mefme, &
fe gouuerner par fa propre
authorité, au lieu de de-

meurer foufmis à celle de
Dieu. Ce qui certes eftoit
le comble de l'orgueil & de
l'infolence.

Et c'eft pourquoy il eftoit
impoffible qu'ayant voulu
efleuer fa volonté propre
au deffus de la volonté &
de la puiffance d'vn fupe-
rieur auffi grand qu'eftoit
le fien, cette propre volonté venant comme à tomber
fur luy, ne l'accablaft fous le
poids de fa cheute, & fous
la pefanteur de fes ruines.
Et de là il eft arriué par vne
jufte punition d'vne telle
defobeiffance, que l'hom-
me a maintenant de la
peine à fe foufmettre à la
volonté diuine, c'eft à dire
a obeir à la juftice. Et on ne
fçauroit fe conuertir à la ju-

ftice fi ce deffaut n'eft fur-
monté par l'affiftance de la
grace; ny iouyr de la paix
que la juftice apporte auec
elle, fi l'on n'en eft gueri par
l'operation de la mefme
grace. Ainfi à mefure que
noftre volonté propre di-
minuë par le progrés que
l'on faiét dans la vertu, on
defire de dependre pluftoft
d'vn autre, que d'eftre maiftre de foy-mefme; & d'e-
ftre pluftoft gouuerné par
la verité & par la volonté
de Dieu, que par fa propre
puiffance.

Car nul Sainét, d'autant
plus qu'il a de fainéteté en
cette vie ne fe resjouit de
cette propre puiffance, mais
feulement de celle de Dieu
qui luy donne le pouuoir de

C v

faire tout le bien, iufques à
ce qu'il arriue à cette fanté
dont l'ame jouyra dans la
vie future , ou perfonne
n'aymera plus fa propre
puiffance, ny fa propre volonté; mais ou la puiffance
immuable de la verité &
de la fageffe, c'eft à dire
Dieu mefme fera tout en
tous.

Ainfi cette playe peut
bien fe fermer & fe guerir
en partie auant ce temps;
mais elle ne peut eftre
guerie tout à fait que par
vn miracle extraordinaire
de celuy, qui comme Dieu
& comme Sauueur du
monde a eu vne humilité
auffi infinie que fa puiffance: Tant ce dard dont le
Diable perça le cœur de

noftre premier pere lors
qu'il luy dit: *Vous ferés com-* ^{Gen. 3}
me des Dieux, a penetré dans
le noftre;& a laiffé fa pointe
& fon fer dans le fonds de
nos moüelles & de nos en-
trailles.

C'eft vne qualité propre
à Dieu & incommunicable
à tout autre qu'a luy feul,
d'eftre maiftre de foy-mefme, de n'auoir point d'autre regle que fa volonté,
& de fe gouuerner par les
feules loix de fon pouuoir
abfolu & fouuerain. Et il
eft auffi jufte comme il eft
neceffaire, que eeluy qui
n'eft dominé de perfonne,
domine par fa toute puif-
fance fur toutes les creatures.

Mais cette premiere
C vj

playe du peché qui a blef-
fé le premier homme , &
l'a rendu comme vn efcla-
ue fugitif de deuant la face
de fon Maiftre , luy a imprimé dans toutes fes affections vne ardente paffion
d'imiter cette fouueraine-
té de Dieu & cette emi-
nence de fon eftre.& d'en
tracer vne image tenebreu-
fe dans fes crimes & dans
fes defordres , foit qu'il peche eftant feul , foit qu'il
peche eftant auec d'autres.
Et ainfi l'on voit dans la vie
de tous les hommes quel
eftoit le deffein du premier
homme lors qu'il fe retira
de l'obeyffance qu'il deuoit
à Dieu ; les actions des enfans portans toutes les marques de la faute de leur pere.

Et comme les Romains,
qui ont esté vne branche
de cette souche, voulurent
delluter leur patrie, c'est à
dire se deliurer eux-mes-
mes, de la domination de
leurs premiers Roys, & en
suitte se rendre maistres des
autres peuples, n'estimant
rien si honteux que d'obeir,
ny rien si glorieux que de
commander : de mesme
tous les hommes en ge-
neral ayant secoüé le joug
de cette verité, & de cette
volonté toute puissante,
se plaisent d'abord à estre
maistres d'euxmesmes : &
chacun d'eux desire en-
suitte, s'il est possible, d'e-
stre seul maistre de tous
les autres. Ainsi l'homme
violant toutes les regles de

la raison & de la nature
veut imiter la toute-puis-
sance diuine ; *& au lieu qu'il*
n'y a que Dieu seul qui doiue
dominer sur toutes les ames, &
dont la domination soit vtile, &
salutaire, l'homme, dit excel-

Lib.83.
QQ.
Quæst.
79.

lemment Saint Augustin,
veut tenir la place de Dieu, tant
pour soy que pour les autres au-
tant qu'il luy est possible, & il
ayme mieux regner sur soy-mes-
me, & sur autruy, que de lais-
ser Dieu regner sur ses creatu-
res.

De là vient que la passion
de l'orgueil à laquelle toute la race des hommes a esté
abandonnée par vne si ju-
ste punition, affecte l'vnité
qui est propre à Dieu, &
nous porte à rechercher,
ou de commander seuls à

tous les autres , si tous le
souffrent par humilité ou
par contrainte ; ou au
moins d'estre plus esleués
que tous les autres , si par
vn semblable orgueil ils ne
veulent pas souffrir nostre
empire; Car nous ne pou-
uons endurer que Dieu
seul domine sur nous, & sur
tous les autres; Mais nous
voulons dominer sur les
autres au lieu de Dieu;
Tant il est vray ce que dit
Saint Augustin; *que l'hom-* Tract.
me ne recherche rien auec plus 43. In
de passion que la puissance & Ioan.
l'authorité.

Mais comme il n'y a point
de plus grande puissance
en l'homme que celle que
les vertus véritables esta-
blissent dans l'esprit, ceux

qui ont parfaitement ap-
pris par l'estude, ou par l'experience , combien il y a
de degrés par lesquels on
surmonte les vices, recon-
noissent aisément que le
vice de l'orgueil est le plus
redoutable de tous, & qua-
si le seul redoutable aux
ames parfaittes; leur estant
d'autant plus dangereux,
qu'ils sçauent y auoir en
eux plus de qualités capa-
bles de les porter à se plaire dans la veuë d'eux mesmes.

Car n'y ayant rien par-
my les creatures de si excellent que l'ame raisonna-
ble ; c'est vne suitte comme naturelle que l'ame qui
est pure , plaise dauantage
à elle mesme que toutes

les autres creatures.

Or il seroit besoin d'vn
long discours pour mon-
strer combien il luy est pe-
rilleux, voire pernicieux de
se plaire à soy mesme ; &
de tomber ainsi dans cette
enfleure de la vanité, qui
la rend malade iusques à
ce qu'elle iouisse dans le
Ciel de la veuë de ce bien
souuerain & immuable par
la comparaison duquel elle
se mesprisera elle mesme,
par l'amour duquel elle ne
s'aymera plus elle mesme,
& de l'esprit duquel elle
sera tellement remplie
qu'elle le preferera à soy-
mesme, non seulement par
la raison humaine, mais par
vn amour diuin, & vn
amour eternel.

Ces sentimens entrent
dans l'esprit de celuy qui
reuient à soy, lors qu'il se
sent pressé de la faim, &
qu'il dit dans son cœur:
*Luc 15. il faut que ie me leue, & que
i'aille trouuer mon Pere*, ne
trouuant rien qui luy soit si
contraire dans ce retour,
& qui luy ferme dauanta-
ge la porte de la maison de
son pere, que de s'enfler
d'orgueil & de vanité par
l'amour & l'estime de soy-
mesme, & par la fausse opinion de grandeur que l'a-
me s'attribuë lors qu'elle
ne jouit pas seulement de
la santé.

De là vient que l'humili-
té est si honorée dans la
cité de nostre Dieu, &
recommandée à ses

toyens qui font eftrangers
fur la terre ; & qu'elle eft
encore fi colebre par l'e-
xemple de fon Roy qui eft
le modelle de toute forte
de reformation.

De là vient que tous les
crimes des méchans,& tous
les péchez des bons, foit
d'ignorance , foit de con-
noiffance, font ou la peine,
ou le remede de l'orgueil.

Ce qui eft fi vray que le
Diable n'eut pas faiſt tomber l'homme dans cette
faute fi vifible & fi appa-
rente, & dans cette action,
exterieure par laquelle il
viola le commandement
de Dieu , fi l'orgueil ne
l'eut point fait entrer aupa-
rauant dans l'eftime de foy-
mefme.

Ce fut ce mouuement qui luy fit trouuer cette parole, *vous ferez comme des* *Dieux*, si douce & si agreable ; estant tres-vray selon l'Escriture, que l'orgueil precede la cheute, & que l'ame s'esleue auant qu'elle tombe.

Or cette cheute, & cette ruine, qui se faict au dedans par l'orgueil, precede celle qui se faict au dehors lors que l'homme ne s'apperçoit pas qu'il est desja tombé par la premiere. Ainsi Dieu luy auoit deffendu cette action exterieure, qui estant commise ne pouuoit plus se couurir d'aucune ombre de justice, comme l'orgueil a accoustumé de faire, afin qu'il

Em. 3.

Prou. 16.

appriſt par la confuſion que
luy donneroit ſon peché,
combien il s'eſtoit trompé
dans l'opinion auantageuſe
qu'il auoit conceüe de ſoy-
meſme.

C'eſt pourquoy il eſt vtile à ceux qui ſont vains de
tomber dans quelque pe-
ché public & viſible, afin
que la honte de ce peché
leur faſſe perdre cette bonne opinion d'eux-meſmes
qui les auoit deſia fait tomber auant que leur cheute
fuſt manifeſte.

Ainſi celuy qui diſoit
dans ſon abondance ie ne ſeray pſal.
iamais esbranſlé, fut guery 29.
par ce remede terrible qu'il
receut de la main & de la
miſericorde de Dieu. Et
ayant eſprouué le mal que

luy auoit cauſé la preſomption qu'il auoit euë de ſa
propre force ; & le bien
que la grace de Dieu luy

Pſal. 29 auoit apporté, il dit : *Sei-*
gneur voſtre grace, & voſtre vo-
lonté eſtoit le ſouſtien de ma for-
ce, & de ma gloire. Vous auez
deſtourné voſtre viſage de moy,
& auſsi-toſt ie ſuis tombé dans
le trouble. Dieu auoit retiré
de luy pour vn peu de
temps, ce qui luy donnoit
de l'amour propre ; afin
qu'il ſceuſt que ces dons
& ces faueurs venoient du
Ciel, & non de luy meſme,
& qu'il appriſt à n'en auoir
plus de vanité.

C'eſt ainſi que Dieu gue-
rit cette enfleure de l'orgueil , lors qu'il exerce ſa
miſericorde vers vne per-

fonne, & qu'il luy donne
le moyen de se releuer, afin
que l'ame qui auant sa
cheute n'auoit pas voulu,
comme elle deuoit, mettre
toute sa confiance en la seule grace de Dieu, reuienne
à luy apres cette espreuue
de sa foiblesse, & s'attache
à son seruice auec plus de
constance, & d'humilité.

C'est pour cela aussi que
Dieu permet que ceux-
mesmes qui taschent de le
seruir humblement, n'ont
pas tousjours le pouuoir
d'entreprendre, de faire,
ou d'accomplir vne bonne
œuure; mais se trouuent
tantost dans la lumiere, &
tantost dans les tenebres;
tantost dans le plaisir, &
tantost dans le degoust;

tantost dans l'ardeur, &
tantost dans le refroidisse-
ment ; afin qu'ils sçachent
que la connoissance & la
force qu'ils ont dans les
actions vertueuses, n'est
pas vn effect de leur propre
puissance ; mais vn don de
la liberalité de Dieu ; &
que par cette vicissitude du
trouble & du calme de leur
esprit, ils se guerissent de
la maladie de la vaine gloire.

C'est pour cela aussi que
Dieu, qui est infiniment
bon, ne donne pas quelque
fois à ses Saincts mesmes,
ou vne connoissance cer-
taine, ou ce plaisir victo-
rieux de tous les autres, &
qui est necessaire pour entreprendre vne bonne œu-
ure,

are, afin de leur faire con-
noiftre par cette efpreuue
que la lumiere & la dou-
ceur de l'influence qui rend
leur terre feconde en ex-
cellens fruits, viét du Ciel,
& non pas d'eux mefmes.

Et enfin c'eft pour cela
que quelquefois il differe
tant à guerir fes efleus mefmes de quelques deffauts,
quoy qu'ils luy demandent
leur guerifon auec des ge-
miffemens, des cris, & des
larmes ; & qu'il permet
qu'ils tombent, & fe rele-
uent durant le cours de
plufieurs annécs, de peur
que la trop grande facilité
qu'ils auroient à bien viure
ne les corrompe, & qu'ils
ne deuiennent malades
d'vn mal plus caché & plus

D

74

dangereux que celuy qui
les afflige.

Car en ces rencontres le
deſſein de Dieu, n'eſt pas
de les perdre ; mais de les
rendre humbles. Il veut
empeſcher que ſe voyant
dans vne pleine tranquillité ils ne diſent en leur
cœur. *Toutes ces actions ſont*
l'ouurage de nos mains, & de
noſtre force ; & non du Sei-
gneur.

Iugez par là, ie vous ſup-
plie , combien ce mal eſt
pernicieux puis qu'il a beſoin d'vn remede ſi funeſte;
& qu'ainſi que les mede-
cins chaſſent le poiſon par
d'autres poiſons ; de meſme le peché de l'orgueil ne
ſe guerit que par d'autres
pechez.

Deut.
32.

C'eſt pour cela encore
que le meſme Dieu, dont
la bonté eſt infinie, ne veut
pas eſtouffer cét aiguillon
de la chair, c'eſt à dire ces
deſirs impurs & charnels,
dans les hommes les plus
ſaincts, & qui ont triom-
phé de toutes les voluptez,
dans les Apoſtres meſmes,
& dans le plus eſleué
des Apoſtres , quoy qu'il
l'en ayt prié trois diuer-
ſes fois ; mais le luy laiſſe
iuſques à la mort , parce
que dans le miſerable eſtat
où ſont reduits les hommes
durant cette vie , il y a vn
ennemy encor plus redou-
table qui eſt l'orgueil ; &
que lors que l'on combat
ces deſirs de la chair , l'eſprit reconnoiſt le peril qu'il

court à toute heure ; au
lieu qu'il s'enfleroit de vanité s'il estoit en paix & en
repos, y estant subiect par
son extréme foiblesse, iufques à ce que la fragilité
humaine soit guerie si parfaitement qu'elle ne puisse
plus craindre de se corrom-
pre par l'intemperance de
l'esprit, ny de s'enfler par
l'esleuement du cœur : Ce
qui ne peut estre qu'en l'autre vie.

Ce te conduitte de Dieu
a esté figurée par vn grand
mystere dans le peuple Iuif,
à qui Dieu laissa quelques
peuples des Cananeens qui
luy firent long-temps la
guerre, & qu'il ne dompta
qu'auec beaucoup de temps
& de peine.

Ce qui nous monſtre que
lors que Dieu exerce ſa miſericorde, il modere dans
les cœurs de ſes enfans les
excés d'vne trop grande felicité, afin de faire tourner
à leur profit les vices meſmes, & leurs pechez, non
ſeulement lors qu'ils les
ſurmontent, mais auſſi
lors qu'ils les craignent, &
qu'ils les commettent. De
ſorte qu'il les rend victo-
rieux pour ſignaler la puiſſance de ſa grace; & per-
met quelquefois qu'ils
ſoient vaincus pour repri-
mer leur orgueil; ſçachant
qu'ils ne pourroient ſup-
porter ſainctement & auec
moderation la ſoudaine
proſperité de leur victoire;
ou qu'ils eſtabliroient dans

D iij

leur propre force l'asseu-
rance de la pouuoir acquerir.

Or les espreuues de leur
foibleſſe les tirent de cét
erreur, parce que lors qu'ils
ſentent qu'ils ne peuuent
auoir d'eux meſmes ce
qu'ils deſirent d'auoir, &
que par cette vaine con-
fiance en leur propre vertu
ils perdent meſme ce qu'ils
auoient, ils apprennent
par là d'où ils tiennent tout
ce qu'ils ont ; & cette re-
connoiſſance les porte à ne
ſe regarder plus, mais à regarder celuy qui les tire des
pieges & des embuſches.

Car ce n'eſt pas ſans vn
grand & profond ſecret de
la ſageſſe diuine, que la vie
des juſtes meſmes eſt ſi plei-

ne de tentations, eſt ſujete
à tant d erreurs , eſt enui-
ronnée de tant de pieges,
eſt agitée de tant de perils,
eſt aſſiegée de tant de peines, & eſt accablée de tant
de pechez, dont nulle prudence humaine ne peut ſe
garder, & que nulle indu-
ſtrie ny nulle force ne peut
ſurmonter : Ce qui a faict
dire à l'Apoſtre auec gran-
de raiſon : *Qu'à peine le juſte* ₁ Pet. 4.
ſera ſauué.

Et pourquoy le juſte meſ-
me aura-t'il de la peine à ſe
ſauuer? Dieu a·t'il de la peine à ſauuer le iuſte?ou Dieu
nous enuie-t'il la facilité de
noſtre ſalut ? Nullement :
Pourquoy donc ſouffre-t'il
qu'il ſoit ſi facile de pecher,
& ſi difficile de bien viure,

D iiij

qu'outre tout ce que ie
viens de dire, les plus iuſtes
meſmes ont beſoin durant
leur vie d'vn continuel
pardon des fautes qu'ils
commettent continuelle-
ment? Ie ſçay bien qu'il n'y
a non plus d'injuſtice que
d'impuiſſance en Dieu:
Mais ie ſçay auſſi *que Dieu*
reſiſte aux ſuperbes., & qu'il
donne ſa grace aux humbles;
Dieu quoy que tout puiſ-
ſant ne veut pas nous deliurer de tant de maux auec
facilité, afin de dompter
noſtre preſomption, & no-
ſtre audace. Ce n'eſt pas
qu'il veille nous oſter l'eſperance de nous ſauuer;
mais il veut nous monſtrer
combien la nature de
l'homme a eſté juſtement

Iacob.
4.

condamnée à cause de son
orgueil : Il la laiſſe dans
l'impuiſſance & dans la
foibleſſe , afin que les forces humaines luy man-
quant, elle ſoit contrainte
d'auoir recours à luy comme à ſon vnique liberateur,
qu'elle quitte cette con-
fiance qu'elle a en ſoy-meſ-
me touchant la fuite des
vices & la pratique des
vertus, cette preſomption
qui luy eſt ſi naturelle, qui
eſt ſi profondement enra-
cinée dans toutes ſes
moüelles & dans tous ſes
os, & qu'elle ſoit forcée de
recōnoiſtre le beſoin qu'elle a du ſecours de ſon Sauueur, & d'implorer l'aſſi-
ſtance de ſa grace.

Dieu fait cela dans ſes eſ-

leus, tant par ses faueurs,
que par ses punitions ; il
leur persuade cette verité,
tant par l'ignorance où il
les laisse, que par la science
qu'il leur donne ; & il leur
enseigne cette doctrine si
salutaire, tant par les perils
où ils se voyent exposez, &
par les difficultez qu'ils ont
à vaincre, que par les fautes & les pechez où ils tombent. Et il agit ainsi (à ce
que i'en puis juger par la
lumiere qu'il me donne)
de peur que selon la parole
de l'Escriture ils ne sacri-
fient à leurs propre rets
pour se deliurer de tant
d'ennemis ; & qu'ils ne se
flattent apres leur deliuran-
ce, au lieu de rendre gloire
à Dieu qui est leur vnique
Liberateur.

Ainſi Dieu les eſtonnant
au dehors par tant de difficultez ; les chaſtiant par
tant de cheutes; & les eſ-
clairant au dedans par ſon
eſprit ; ils reconnoiſſent
qu'il leur accorde la victoire ſur le peché lors qu'ils
n'ont point d'orgueil; qu'il
la leur retarde & ſa leur
rend difficile de peur qu'ils
n'en ayent ;& qu'il la leur
refuſe, lors qu'ils en ont;
& à cauſe qu'ils en ont. La
frayeur que leur cauſent les
perils qu'ils courent leur
ſert pour marcher auec plus
de prudence ſous la con-
duitte de la grace : Le
trouble & l'abbatement
que leur laiſſent les difficultez qu'ils ſentent dans le
combat leur ſert pour re-

tourner à la grace auec plus
d'ardeur : & la honte de fe
voir vaincus & terracez par
le poché leur fert pour retourner à la grace auec plus
d'humilité & de connoif-
fance : Et enfin voyant que
leur propre force pour fuir
le mal, & pour acquerir le
bien & le conferuer, n'eft
que foibleffe, & que ce
fondement de leur vaine
confience eft ruiné de rou-
tes parts ; ils ne font plus
orgueilleux comme aupa-
rauant, & ils fe gueriffent
peu à peu de cette maladie
de l'ame ; afin qu'au moins
apres toutes ces efpreuues
2.Cor.1. *celuy qui fe glorifie ne fe glorifie*
plus qu'au Seigneur.

Apres cela qui ne loüe-
ra la grandeur de la fa-

geſſe diuine, qui n'aban-
donnera tous les moments
de ſa vie & de ſa mort, tout
le progrés & tout le retardement de la reformation
de ſes mœurs, à vne bonté ſi
ſoigneuſe de noſtre ſalut,
& ſi prodigue de ſes fa-
ueurs, à vn Dieu qui ſe
preſente pour nous ſecou-
rir lors que nous croyons
qu'il nous ait entierement
abandonnez, & qui nous
donne des remedes d'au-
tant plus ſouuerains qu'ils
ſont plus cachez & plus
inuiſibles, lors que nous
deſeſperons de ſon aſſiſtan-
ce?

Ces détours & ces arti-
fices dont Dieu ſe ſert pour
nous ſauuer, ne ſont-ils pas
merueilleux?& n'eſt-ce pas

ce que ressentoit le Pro-
phete lors que troublé par
ces sortes de combats , &
comme lassé & ennuyé de
ces exercices penibles, il
s'escrie tout d'vn coup:

Psalm. Mais Seigneur iusques à quand?
6. Qu'est-ce à dire iusques à
quand, demande S. Augu-
stin ? Et il introduit Dieu
Serm.3. qui respond: *Iusques à ce que*
de Verb. *vous ayez esprouué que c'est de*
Apostol. *moy seul de qui vous deuez attẽ-*
cap. 7. *dre toute vostre assistance: Car si*
ie vous la donnois plustost, vous
ne sentiriez pas le trauail & la
peine du combat ; & si vous ne
les sentiez pas, vous vous ap-
puyeriez auec vanité sur vos
propres forces ; & cette vanité
vous empescheroit de remporter
la victoire. Il est escrit pourtant:
Vous n'aurez pas encore acheué

de m'innoquer que ie viendray,
& vous diray, Me voicy prest
de vous secourir. Mais Dieu ne
laisse pas de nous secourir, lors
qu'il differe de nous secourir ; Le
retardement de son secours est
vn secours ; Et suspendant son
assistance, c'est en cela mesme
qu'il nous assiste ; Puis que s'il
accomplissoit nos desirs precipi-
teʒ, nous ne pourrions recevoir
de luy vne santé si parfaicte &
si accomplie.

CONCLVSION.

QVe ces veritez vous
seruent de consola-
tion dans vos trauaux, ge-
nereux Athletes de IE-
SVS. Et si dans cette guerre que vous auez declarée
à toutes les passions de l'a-
me (desquelles ie vous

ay peut-estre entretenus
trop longtemps) vous sen-
tez vne diuision & vne re-
uolte dans vostre esprit; si
vous mesmes resistez à vous
mesmes; & si cette resistan-
ce vous empesche de vain-
cre cét ennemy que vous
auez à combattre, c'est à
dire vous mesmes, & de le
dompter aussi absolument
que vous le souhaitteriez;
Ne vous deffiez pas pour
cela de l'amour que Dieu
vous porte; Que la douleur
d'vne blesseure que vous
aurez receuë dans ce com-
bat, ne vous fasse pas quitter l'espée ny le bouclier:
Mais humiliez vous deuant
Dieu; & croyez que cette
conduite de sa prouidence
a esté l'effect d'vne insigne

misericorde qu'il exerce
inuisiblement sur vous,
afin de vous guerir d'vn autre mal plus secret & plus
dangereux , & dont sans
vne faueur toute extraor-
dinaire, & qui est aussi rare
qu'elle est eminente, on ne
se garentit que par les cheutes & par les pechez.

Gueriffez vous de l'or- *Traff.*
gueil , dit S. Augustin, & *25. In*
vous ne pecherez plus, par- *Ioan.* *Lib 8.*
ce que nous auons d'autant *de Trin.*
plus d'amour de Dieu que *cap. 8.*
nous auons moins d'or-
gueil. Or l'amour de Dieu,
qui est la charité, ne com-
met point de pechez parce
qu'il ne faict point de mal, *1. Cor.*
& il efface ceux qu'on a *13.*
commis, parce *qu'il couure la* *1 Petr. 4.*
multitude des pechez. Mais te-

nez pour vne maxime con-
ftante, que vous ne ferez
iamais deliurez de vos pechez, que lorsque non feulement vous fçaurez par la
foy qui eft commune à tous
les Catholiques, ou par la
doctrine qui eft propre
aux fçauans ; mais que
vous connoiftrez encore
par experience , & fenti-
rez par de certains mou-
uemens d'amour qui for-
tent du cœur , cette ve-
Phil 2. rité fi importante, *que c'eft
Dieu qui forme en nous , & la
volonté d'agir, & l'accompliffe-
ment de l'action* ; que nous ne
pouuons rien penfer de
nous mefmes comme de
nous mefmes ; mais que
tout noftre pouuoir vient
de Dieu; Et que perdant

ainſi toute la confience que
vous pourriez auoir en vos
propres forces, vous n'eſ-
periez qu'en ſa ſeule miſericorde, quoy que vous ne
laiſſiez pas d'agir de toute
voſtre puiſſance, & auec-
que tous les efforts qui vous
ſont poſſibles.

Appuyez vous ſur le ſe-
cours de celuy dont vous
auez eſprouué l'amour par
la vocation qu'il vous a
donnée pour vn inſtitut
ſi excellent; Et dans le deſſein qu'il vous a inſpiré d'e-
ſtablir ſi vtilement vne reforme interieure & exte-
rieure, courez auec alle-
greſſe pour emporter le prix
de ſa vocation eternelle.

Ne craignez point les
langues de ceux qui trauer-

fent vne entreprife fi falutaire , pluftoft par paſſion
que par iugement. Cét eſta-
bliſſement eſt fi fainct, que
s'ils ont aſſez d'injuſtice
pour le d'eſcrier en fecret,
ils n'auront pas aſſez de har-
dieſſe pour le blaſmer ou-
uertement, de peur que la
voix publique qui eſt pour
vous, ne s'eſleue contre eux
& ne les condamne. Con-
tinuez ſeulement comme
vous auez fi bien commen-
cé. Vous vaincrez par vo-
ſtre perſeuerance ceux qui
taſchent de vous vaincre
par leurs oppoſitions & par
leurs efforts. Ils ne reſiſtent
que tant qu'ils eſperent
que l'on leur pourra ceder;
& lors que voſtre immobile
conſtance les aura vaincus,

vous aurez pour panegyri-
ſtes ; & poſſible meſmo
pour imitateurs, ceux que
vous auez maintenant pour
enuieux, & pour aduerſai-
res.

Conſolez vous par cette
eſperance ; & ayez ſoin
d'entretenir, & d'allumer
touſiours de plus en plus
dans voſtre cœur ce feu celeſte qui vous embraze. Par
ce moyen tous les vents &
toutes les tempeſtes que les
médiſances des hommes,
ou la malice des Demons
exciteront contre vous,
ſeruiront pluſtoſt à enflam-
mer voſtre zele qu'a l'e-
ſteindre.

Ayez donc bon courage;
fortifiez vous en noſtre Seigneur ; preparez vous à

combattre les puiſſances
de l'air, & vos propres paſſions ; Deſpoüillez le vieil
homme, & en vous reue-
tiſſant du nouueau, refor-
mez vous par le renouuel-
lement de vos eſprits & de
vos cœurs, qui eſt le ſeul
but & la fin veritable de
toute reforme, & de toute
diſcipline.

Mais de peur que ſelon la
fragilité commune à tous
les hommes, voſtre eſprit
ne ſe laiſſe abbatre dans vne
entrepriſe ſi difficile, en ſe
voyant priué de cette fauſ-
ſe conſolation que don-
nent les plaiſirs & les vani-
tez du ſiecle ; donnez à
Dieu tout cét amour que
vous auez retiré des choſes
du monde. Et puis que

vous vous estes consacrez à
son seruice rendez-le l'vnique obiet, & l'vnique cen-
tre de toutes vos affections.

Vous ne sçauriez estouf-
fer le desir des voluptez
temporelles si vous ne sen-
tez vn peu la douceur des
eternelles. *Goustez, & voyez* ^{Pfalm.}
que le Seigneur est doux, dit ^{33.}
le Prophete. Si l'amour de
Dieu brusle dãs vos cœurs,
& les remplit de cette douceur celeste, il consumera
comme vn feu toutes les
peines & toutes les resistan-
ces que vous esprouuerez
en vous mesmes; & vous
surmonterez auec plaisir
toutes sortes de difficultez;
Car il n'y a rien de si dur ny
de si penible que le feu de
l'amour n'amolisse & ne

furmonte. Lors que l'ame
en eſt embraſée,& que cette flamme diuine la rauit
en Dieu, elle paſſe par deſ-
ſus tous les obſtacles, ſoit
interieurs ſoit exterieurs;
elle s'affranchit des liens &
de la tyrannie du corps; elle ſe détache de la chair &
du ſang; & libre de toutes
les paſſions terreſtres, elle
vole auec les aiſles ſi pures,
dont l'amour chaſte & in-
uincible ſe ſert, pour s'eſleuer iuſques dans le ſein de
Dieu, iuſques dans les bras
de cét eſpoux immortel des
ames ſainctes. Les amans
ne trouuent rien de peni-
ble dans leurs peines; & ne
trouuent point de peines
dans leur amour. Ou ils ne
ſentent point leurs trauaux,
ou

ou s'ils les sentent, ils les
ayment.

Animez vous dõc de zelle
pour la grandeur de cette
eternité qui brille là haut,
pour la certitude de cette
verité immuable, & pour
le torrent de ces delices di-
uines, & vous n'aurez plus
que du degoust & du mes-
pris pour cét esleuement
funeste de la vaine gloire,
pour ces desirs inquietes de
la curiosité de sçauoir, &
pour ces attraits impurs de
la volupté.

Vous trouuerez en abre-
gé dans l'amour diuin tout
ce que ces passions cher-
chent, & empruntent des
creatures viles & perissa-
bles.

Car elles ne cherchent

que la grandeur, la con-
noiſſance, & le plaiſir ; Et
y a-t'il rien de ſi grand & de
ſi ſublime que cét amour
par lequel l'ame en diſſipât
les tenebres des choſes
creées s'eſleue dás cette lumiere ſi pure & ſi calme de
l'eternité ; & en ſe ſoumet-
tant à celuy ſeul qui eſt le
principe de la grãdeur & de
la gloire, regarde toutes les
choſes du monde auec meſ-
pris, les conſidere comme
eſtãt au deſſous d'elle, & les
croit indignes de poſſeder
ſes affections. Y a-t'il rien
de ſi intelligent & de ſi ſage
que cét amour par lequel
on n'ayme que la verité &
la ſageſſe eternelle? Et enfin
y a-t'il rien de ſi delicieux
que cét amour par lequel la

source mesme de tous les
plaisirs se respand toute en-
tiere dans nostre cœur. Ainsi vous arriuerez enfin à vn
estat si parfaict, que ny vostre esleuation ne sera plus
sujette à l'abbaissement; ny
vos cōnoissances à l'erreur;
ny vos delices aux desplai-
sirs. Ce que ie supplie celuy
dont l'estre est l'eternité,
dont la science est la verité,
& dont la ioye est la charité, le Pere, le Fils, & le
Saint Esprit de vous accorder par sa grace. Ainsi soit-
il.

F I N.

PRIVILEGE DV ROY.

LOVYS, par la grace de Dieu, Roy de France & de Nauarre: A nos amez Conseillers les gens tenans, nos Cours de Parlement, Maistres des Requestes ordinaires de nostre Hostel, Baillifs, Seneschaux, Preuosts, leurs Lieutenans, & tous autres nos Iusticiers & Officiers qu'il appartiendra, Salut; la Veuue de nostre cher & bien-amé IEAN CAMVSAT, Marchand Libraire Iuré en l'Vniuersité de Paris, nous a fait remonstrer qu'il luy a esté mis entre les mains *vne Traduction Françoise d'vn Discours Latin de la Reformation de l'Homme Interieur, composé par Cornelius Ianssenius Euesque d'Ipre,* laquelle tradu-

&tiõ elle defireroit de faire imprimer, s'il nous plaifoit luy accorder nos Lettres de Permif-
fion fur ce neceffaires, humblement nous requerant icel-
les: A CES CAVSES, defirans
gratiffier ladite expofante, &
apres auoir veu l'Approbation
des Doĉteurs de la Faculté de
Theologie de Paris, nous luy
auons permis & permettons
par ces prefentes de faire imprimer, vendre & diftribuer
ladite Traduĉtion en telle
marge, & en tels caraĉteres &
autant de fois qu'elle verra
bon eftre, pendant l'efpace
de vingt-ans entiers, à com-
pter du jour qu'elle fera acheuée d'imprimer pour la premiere fois, faifant tres ex-
preffes inhibitions à toutes
perfonnes de quelque condition qu'elles foient d'imprimer
ou faire imprimer, vendre
ny diftribuer ladite Tradu-

ction en aucuns lieux de nostre obeissance, durant ledit temps, sans le consentement de ladite Veuue Camusat ou de ceux qui l'auront d'elle sous pretexte d'augmentation, correction ou changement en quelque sorte & maniere que ce soit ny mesme en extraire aucune piece ou d'en contrefaire le titre & frontispice, à peine de quinze cens liures d'amende, applicable vn tiers à nous, vn tiers à l'Hostel-Dieu de Paris, & l'autre tiers à ladite exposante, de confiscation des exemplaires contrefaits, & de tous despens, dommages & interests, à condition qu'il sera mis deux exemplaires de ladite Traduction en nostre Bibliotheque publique, auant que de l'exposer en vente à peine de nullité des presentes, du contenu desquelles moyennant ce, nous vous mã-

dons que vous faciez joüir
plainement & paisiblement ladite exposante, & ceux qui auront pouvoir d'elle, sans qu'il
leur soit donné aucun empesche-
ment. Voulons aussi qu'en met-
tant au commencement ou à la
fin de chacun desdits exemplaires, vne coppie ou vn bref
Extraict des presentes, elles
soient tenuës pour deuëment
signiffiées, & que foy y soit ad-
joustée comme au present original : Mandons aussi au premier nostre Huissier ou Sergent
sur ce requis, de faire pour l'e-
xecution d'iceluy tous exploits
necessaires, sans demander aucune permission, Car tel est nostre plaisir, nonobstant clameur
de Haro, Chartre Normande
& autres lettres à ce contraires.
Donné à Paris le vingt-cin-
quiesme jour de Febvrier,
l'an de grace mil six cens qua-

rente-deux. Et de noftre regn's
le trente-deuxiefme.

Par le Roy en fon Confeil.

LE COQ.

Cette Traduction a efté acheuée
d'imprimer pour la premiere
fois, le 6. Auril 1642.

Approbation de Docteurs.

 OVS foubsfignez Do-
cteurs en Theologie
de la Faculté de Paris
Certifions auoir leu
la Traduction d'vn *Difcours de
la Reformation de l'Homme Interieur* , compofé par Cornelius
Ianffenius Euefque d'Ipre , en
laquelle nous n'auons rien trouué de contraire à la foy de l'E-
glife Catholique , Apoftolique
& Romaine. Fait en Sorbonne
ce 24. jour de Feurier. 1642.

DEHDENCG.

FLEVRY

www.ingramcontent.com/pod-product-compliance
Lightning Source LLC
Chambersburg PA
CBHW052130090426
42741CB00009B/2027